Jules Janin

L'Antiquité et les pères de l'église

Essai

 Le code de la propriété intellectuelle du 1er juillet 1992 interdit en effet expressément la photocopie à usage collectif sans autorisation des ayants droit. Or, cette pratique s'est généralisée dans les établissements d'enseignement supérieur, provoquant une baisse brutale des achats de livres et de revues, au point que la possibilité même pour les auteurs de créer des œuvres nouvelles et de les faire éditer correctement est aujourd'hui menacée. En application de la loi du 11 mars 1957, il est interdit de reproduire intégralement ou partiellement le présent ouvrage, sur quelque support que ce soit, sans autorisation de l'Éditeur ou du Centre Français d'Exploitation du Droit de Copie , 20, rue Grands Augustins, 75006 Paris.

ISBN : 978-3-96787-916-2

10 9 8 7 6 5 4 3 2 1

Jules Janin

L'Antiquité et les pères de l'église

Essai

Table de Matières

L'Antiquité et les pères de l'église　　　6

L'Antiquité et les pères de l'église

Un jour, à la table même du roi Louis IX, un docteur de l'église, oubliant que le roi l'écoutait : — « Je tiens, s'écria-t-il, un argument sans réplique contre les manichéens! *Conclusum est contra manichœos !* » — Il nous semble, à nous aussi, que nous tenons un argument sans réplique dans cette grande question des poètes, des historiens et des philosophes de l'antiquité. L'argument est très simple en vérité. Il s'agit seulement d'introduire au milieu de cette étrange discussion les hommes mêmes et les écrivains au nom desquels elle est faite, et nous espérons qu'une grande et vive clarté rejaillira de ces sommets lumineux sur cette nouvelle dispute des anciens et des modernes. La dispute eût fini par usurper les dimensions des plus graves débats et des plus autorisés, si les grands esprits de l'église moderne n'eussent prononcé soudain leur *quos ego!* dans ces luttes incroyables où semblait se retrouver l'acharnement de l'antique bataille, au siècle de saint Louis, entre l'Université et les ordres religieux. En ce temps-là déjà (1254), l'Université, attaquée en ses derniers retranchements, s'adressait aux évêques de France en s'écriant : « Sauvez-nous, nous périssons! » Et il ne fallut rien moins que l'intervention du roi Louis IX, à peine de retour de la croisade, pour pacifier ces terribles différends.

Nous ne remonterons pas si haut, — Dieu nous garde et nous préserve de marcher sur ces cendres qui brûlent encore après tant de siècles! — Nous nous contenterons de suivre, en toute sympathie et tout respect, le glorieux sentier qui nous doit ramener, à travers les chefs-d'œuvre de l'église naissante, aux chefs-d'œuvre de l'antiquité païenne, si cruellement traités de nos jours. Quelle plus juste idée en effet? les pères de l'église appelés en aide aux écrivains de l'antiquité profane, les apologistes de l'Évangile naissant invoqués comme les apologistes des vieux poètes de la Rome païenne! bonheur! Lactance ami de Cicéron, saint Hilaire admirant Quintilien, saint Ambroise évoquant les deux Pline! et, dans ce cercle étroit, irrésistible, tout ce débat peu à peu resserré, jusqu'à ce que rien n'en reste, sinon cette conclusion du père de famille, qui tire également de son trésor inépuisable « ce qu'il y a de plus ancien et ce qu'il y a de plus nouveau. » — *Erit quidem similis patri familias qui profert è thesauro suo nova et vêlera.* — Si donc nous nous permettons de pénétrer dans cette dispute, où c'est à peine si nous avons le droit d'examen, c'est que notre tâche est tracée à l'avance et de si haut, qu'il n'est pas facile que nous puissions nous égarer. Dans ces batailles commencées par le premier venu, c'est le droit du premier venu d'être à la réplique. Et d'ailleurs par quel privilège étrange les soldats obscurs d'une idée au moins absurde voudraient-ils ne rencontrer jamais, comme obstacles et comme opposants, que des évêques, des archevêques, des cardinaux, des princes de l'église romaine? A ce compte, il serait trop glorieux de déclamer contre l'ensemble et la réunion des plus grands génies de l'humanité tout entière, et l'on comprendrait parfaitement une obstination payée à si haut prix.

Quand cette étrange querelle a commencé, les esprits calmes et studieux qui restent encore en France dévoués aux belles œuvres de l'esprit humain, les aimant et les cultivant pour elles-mêmes, en tout désintéressement, en tout honneur, ne pouvaient pas s'imaginer que cette dispute fût sérieuse. Une levée de boucliers contre l'antique Parnasse, était-ce possible? Apollon insulté, à quoi bon? Les muses traînées aux gémonies, et la douce fontaine au pied de l'Hélicon troublée, ô ciel! par ce piétinement lamentable, et pourquoi faire? Où était le mal? où se cachait le danger? Quel envahissement soudain des poèmes d'Homère et des vers de Virgile avait donc surpris la France nouvelle? En vingt-quatre heures, la France était donc tombée amoureuse à ce point du génie antique, qu'elle avait perdu son propre génie! Elle allait donc renoncer au Dieu de l'Évangile, et reconnaître à leurs autels brisés les vieilles idoles du paganisme antique, dont le nom seul était resté jusqu'à ce jour comme un jouet de la poésie et l'encouragement des jeunes poètes avides d'images, de noms sonores et de souvenirs! C'en est donc fait : nous allons retomber dans le siècle demi-païen, demi-latin de Léon X! Nous allons assister à la résurrection de l'ancien monde, et nous enivrer à la coupe antique où s'enivraient les poètes nouveaux Dante et Pétrarque! « Ah ! disait Pétrarque, il me semble que je n'aurai jamais assez d'amour et de passion pour les anciens! Ils tiennent l'un à l'autre par une chaîne de fleurs. J'ai trouvé Varron dans *les Académiques* de Cicéron; dans le livre des *Devoirs*, j'ai rencontré Ennius. La lecture des *Tusculanes* m'a fait aimer Térence. Par le traité *de la Vieillesse*, j'ai connu les *Origines* de Caton et l'Œconomique *de Xénophon*, comme je dois à saint Augustin l'idée heureuse de rechercher le livre de Sénèque sur *les Superstitions*! » En ce temps-là certes, le danger était grand, à Rome et dans l'Italie entière, du retour de l'antiquité profane. Un pape avant Léon X, Nicolas V, trop oublié dans notre reconnaissance, appelait a lui tous les grands latinistes, le Pogge, George de Trébisonde, Léonard d'Arezzo, Laurent Valla, et il donnait le signal de toutes les renaissances. Tantôt il retrouvait un manuscrit de saint Basile et tantôt un livre de Xénophon; aujourd'hui il mettait en lumière Lactance et saint Irénée, le lendemain Hérodote et Polybe. Le pape Nicolas V acheta quinze cents écus la traduction de Strabon; il paya cinq cents ducats la traduction de Polybe, il offrit dix mille écus d'or pour la traduction d'Homère. — digne pontife! il avait souvent à la bouche cette noble parole de son digne prédécesseur le pape Eugène IV : « Il faut honorer les gens de lettres et les aimer, et tant pis pour qui les outrage! » Oui, si en effet notre humble siècle, à l'exemple du siècle de Léon X, eût tourné au paganisme par une admiration outrée pour l'œuvre des maîtres, s'il eût expliqué les mystères du christianisme dans la langue de Caton l'ancien, si même les bulles pontificales eussent affecté la forme païenne, et que l'excommunication eût été prononcée *au nom des dieux immortels*, on comprendrait parfaitement cette guerre soudaine déclarée à l'antiquité profane au nom de l'Évangile insulté; mais aujourd'hui, en pleine ignorance de ces belles choses, quand c'est le chiffre qui domine les esprits et les âmes, au milieu de ces vapeurs, de ces feux, de ces gaz, de ces tonnerres obéissants, quand c'est à peine si quelques jeunes esprits choisis restent fidèles aux anciennes études, se mettre à déclamer avec cet acharnement insensé contre des études épuisées, inutiles, et peu s'en faut ridicules, tant cette nation les a complètement oubliées, voilà, j'imagine, une des aventures les plus étranges et les plus inattendues! Et que nous sommes loin de Pascal expliquant qu'il s'est dégoûté des sciences exactes, parce que de son temps il ne trouvait personne avec qui en parler : « J'ai passé, dit-il, beaucoup de temps dans l'étude des sciences abstraites, mais le peu de gens avec qui on en peut communiquer m'en avait dégoûté! » Aujourd'hui l'homme studieux qui sait par cœur Homère et Virgile pourrait dire à plus forte raison que Pascal autrefois : « J'ai passé ma vie entière à étudier l'Iliade; mais, ô ma sainte Iliade, il n'y a pas un homme amoureux de tes chastes beautés qui les veuille oublier, parce qu'il sera seul à les aimer! »

Ainsi le danger n'était pas grand que nous fussions absorbés par ces belles œuvres de l'esprit humain injuriées à plaisir, et personne au monde ne s'inquiétait de cette injure gratuite. On souriait tout au plus à voir ces grandes colères contre les moulins à vent de l'antiquité, et l'on se disait tout bas : Ils ont beau dire, ils ont beau faire; l'antiquité est encore ce que nous avons de meilleur. — *Nihil antiquius habui*, disait, il y a trois siècles, Henri Estienne quand il voulait dire : Je n'ai rien en plus grand respect. En ce temps-là, en pleine obéissance, en pleine croyance, on disait : Les mœurs antiques, la bonne foi antique, la simplicité antique! C'était la meilleure formule d'une bonne louange; on ne savait pas, de la cour à la ville, d'adjectif plus excellent, et chaque fois que se présentaient un ancien poète, un ancien historien, un philosophe ancien, à l'étude, à l'admiration, aux respects des grands esprits du grand siècle, aussitôt se faisait un profond silence, tout semblable au silence même quand passe le roi, suivi du cardinal, pour monter à son lit de justice. « Et, dit Henri Estienne en son langage, il faut s'agenouiller humblement devant les maîtres, si l'on veut s'en faire agréer. Prenez garde, en ces rhétoriques maladroites qui se font autour de ces illustres, de ressembler à ce malappris qui, par un trop grand feu, appelle l'architecte afin qu'il ait à reculer la cheminée. »

En l'an de grâce 1552 non moins qu'en l'an de grâce 1852, l'antiquité n'était pas facile à défendre contre des gens qui combattaient à la façon des Parthes. Ils sont battus, ils fuient, ils cachent leurs morts; le lendemain, ils reparaissent sur le champ de bataille d'où ils ont été délogés la veille, et ils crient *victoire*! Il les faut serrer de près et leur opposer des armes bien trempées, si l'on en veut venir à bout. Quand Bossuet, dans l'*Oraison funèbre de la reine d'Angleterre*, se met à énumérer les causes qui ont précipité l'Angleterre dans l'abîme, il rappelle en première ligne « le plaisir de dogmatiser sans être repris par aucune autorité ecclésiastique ni séculière. » Et voilà, ajoute le prélat, *le charme qui possédait les esprits* ! C'est justement pour diminuer quelque peu de ce *charme* que tant d'évêques et tant de cardinaux français et italiens ont voulu interposer leur autorité dans ce débat; c'est pourquoi M. le cardinal-archevêque de Bordeaux a invoqué récemment, dans cette discussion qu'il veut clore, ces pères souverains, ces juges sans appel, ces maîtres absolus du monde chrétien que l'abbé Fleury indiquait à l'avance aux amis de l'antiquité insultée : « On compte, dit-il, parmi les pères un grand nombre d'écrivains très savants dans l'antiquité profane, et, par la même raison, d'une *absolue nécessité* pour acquérir *la véritable érudition*, soit philosophique, soit littéraire. » Vous l'entendez : l'étude de l'antiquité, même pour un évêque, est d'une nécessité absolue. Elle est le digne commencement des plus fortes et des plus savantes études; elle est l'ornement, la parure et la grâce, elle a été la force et l'éloquence des maîtres de l'église, et quand, au VIIIe siècle, ce flambeau semble près de s'éteindre, alors que de regrets, que de douleurs! « A quoi bon, disait un des historiens de Charlemagne, ouvrir ces écoles où l'on n'apprend qu'à lire, à chanter, à compter? A quoi peuvent servir ces maîtres qui ne savent que la grammaire? O livres inutiles! il n'y a plus dans toute la France un seul exemplaire de Térence, de Cicéron, de Quintilien! Les hymnes de l'église ont remplacé les idylles de Théocrite, et l'étudiant qui s'approche le plus des modèles acceptés, Cassiodore ou saint Jérôme, passe aussitôt pour un Cicéron ! Ah ! si l'empereur et son ministre Alcuin avaient été animés d'une plus saine littérature, ils se seraient procuré à tout prix de bonnes copies des bons siècles; ils eussent répandu dans les écoles les grands poètes et les grands orateurs; alors seulement on eût connu la véritable éloquence et la véritable poésie! » Ainsi parlait l'histoire à l'heure où l'empereur Charlemagne, entrant hardiment dans le moyen-âge, rompait brusquement avec les habitudes plus clémentes que les Mérovingiens avaient laissé prendre à la France. Ainsi se lamentait en beau langage un évêque, saint Loup, lorsque, dans une lettre à son maître Éginhard, il invoque Horace et Catulle, appelant à son aide Quintilien et Suétone. On les retrouve en tout lieu, à tout propos, chez les barbares, ces souvenirs et ces regrets de l'antiquité, notre mère nourrice! — Essayons cependant de ne pas quitter le sentier qui nous est tracé, tenons-nous aux pères de l'église, aux vrais interprètes de la parole évangélique, à ceux qui pratiquaient avant d'enseigner, et qui peuvent dire comme saint Paul : *Pro Christo legatione fungimur*!

« Instruisez-vous, dit saint Clément, un des premiers papes de l'église naissante, par l'exemple de la vigne : elle se pare au printemps d'un beau feuillage; la sève active se glisse bientôt à travers ses branches réjouies; plus tard, la grappe en sort pleine de verdeur, jusqu'au moment de la pleine maturité. » La feuille naissante, à coup sûr, c'est la poésie, et, comme Bossuet prévoit l'interprétation, il ajoute à l'image et la complète : « Dans le printemps, dit Bossuet, lorsque la vigne commence à pousser, on lui doit ôter même jusqu'à la fleur quand elle est excessive. » Saint Irénée, dans la préface de son livre des *Hérésies*, s'excuse en ces termes de ne plus parler le beau langage des anciens : « J'ai passé ma vie au milieu des Celtes, j'y ai pris l'habitude de cette langue barbare, et maintenant je chercherais en vain la grâce et l'ornement du discours. La sincérité de mes paroles en remplacera l'élégance. » Ainsi s'exprime cet illustre évêque de Lyon, l'ornement de l'église gallicane, qu'il a fondée par son sang et par sa doctrine. Il avait lu tous les poètes de l'antiquité, il les savait par cœur, il écrivait en latin, il écrivait en grec, il se faisait entendre également aux églises d'Allemagne et d'Espagne, de la Gaule et de l'Orient, de la Lybie et de l'Egypte. Il fut le plus digne pasteur de cette église de Lyon fondée sur les débris de ces autels poétiques dont parle Juvénal :

Lugdunensem rhetor dicturus ad aram.

Saint Justin, avant d'être un père de l'église, avait été élevé aussi dans toutes les écoles du paganisme. Lui-même il raconte qu'il s'était fait recevoir tout d'abord à l'école d'un stoïcien qui lui enseignait que peut-être il n'y avait pas de Dieu. Du stoïcien, Justin avait passé à l'école d'un péripatéticien, qui s'était fait payer d'avance. Son nouveau maître fat un disciple de Pythagore. — Savez-vous, lui disait-il, la musique, l'astronomie et la géométrie? Et comme il n'en savait guère, il entra chez un disciple de Platon. « pour le coup, il me sembla que j'avais trouvé ce que j'avais tant cherché : cette doctrine allait à mon âme impatiente; la contemplation des idées intellectuelles semblait me donner des ailes pour m'élever jusqu'à la plus haute sagesse. Imprudent que j'étais! » Et même, quand il fut touché des clartés de l'Évangile, saint Justin par le de Platon avec reconnaissance et avec respect. Il fait plus, il appelle à son aide très souvent les philosophes et les écrivains les plus célèbres du paganisme. — « Pourquoi, dit-il aux païens, faites-vous un crime aux chrétiens des dogmes mêmes qui leur sont communs avec vos poètes et vos philosophes? Le plus célèbre de vos sages, Socrate, n'a trouvé personne, pas même un seul de ses disciples, qui ait voulu souffrir la mort pour les doctrines de son maître. Quant à moi, sectateur de la philosophie de Platon, lorsque j'ai vu les chrétiens courant à la mort pour soutenir la vérité de l'Évangile, j'ai compris qu'il n'était pas possible qu'il fussent les esclaves de la volupté. » Que dites-vous de ce passage ? Est-ce que le nom de Socrate et l'intervention de Platon ôtent quelque chose à l'autorité de cet enseignement ? Il semble au contraire que ce parfum d'antiquité se répand sur cette parole et qu'il en augmente la force et l'éclat. On demandait à un philosophe qui revenait de Sparte à Athènes ce qu'il avait fait depuis six mois. — « J'avais, dit-il, quitté l'appartement des femmes pour la maison des hommes, et malheureusement me voilà revenu à mon point de départ. »

Un disciple de saint Justin, Tatien, quand il se trouve en présence de cette antiquité d'où ils sortent et d'où ils viennent les uns et les autres, — nous parlons des plus éloquents et des plus habiles, — ne se met guère en peine de tourner la difficulté; il la brise. « Les Grecs, dit-il, ne sont pas nos maîtres, leurs poèmes sont nés d'hier, si vous les comparez aux saintes Écritures, et voilà pourquoi, lorsque j'ai lu ces livres si remplis de simplicité, de clarté et de promesses, j'ai renoncé aux anciens, à leurs systèmes, à leurs philosophies, à leur religion ! » Véritablement ils y renonçaient, mais ils emportaient avec eux ces armes trempées dans l'éloquence antique, et de ces armes ils se servaient cruellement pour accabler les anciens. Ces dieux qu'ils combattent, seraient-ils si forts et si habiles à les combattre, s'ils ne les avaient pas adorés ? Ces poètes qu'ils nient à cette heure, ils ont été les maîtres de leur enfance ! « Ah ! disent-ils aux païens éperdus de se voir battus en brèche par ces machines de guerre prises dans leurs arsenaux, comment espérez-vous que l'on vous entende ? vous ne vous entendez pas vous-mêmes ! Anaxagore est réfuté par Mélissus et Parménide ; Parménide est écrasé par Anaximène ; Empédocle, du fond de l'Etna, impose silence à Protagoras ; Thaïes est battu par Archelaüs ; je vous connais, philosophes ; on vous connaît, Leucippe ; on sait pourquoi Démocrite est en gaieté et pourquoi pleure Héraclite ; on a vu Épicure dans son vide et Cléanthe dans son puits ; on sait ce que veut Carnéade et ce que vaut Clitomaque, et quelle foi nous devons ajouter à la vieille bande des pythagoriciens taciturnes portant sur leur drapeau troué : *Le maître l'a dit* ! Philosophes raisonneurs, ne suis-je pas bien instruit de vos contradictions ? J'ai pitié de vous, j'ai pitié de vos dieux ! Votre pauvre Junon, comment va-t-elle ? Elle ne fait plus d'enfants, elle est trop vieille ! On n'entend plus parler d'Apollon ; il aura repris sa place de bouvier chez le roi Admète ! Insensés, vous avez beau vanter votre science, vous êtes des aveugles qui disputez avec des sourds. Ignorants ouvriers, vous avez dans les mains des outils dont vous ne savez pas vous servir ! » Et c'était vrai, ou plutôt ces ouvriers désormais sans ouvrage, ils avaient été désarmés de leurs outils et de leurs armes par ces mêmes inspirés du vrai Dieu qui étaient sortis de leur sein ! « Voilà, ô Grecs, ce que j'avais à vous dire, moi Tatien, qui ai été élevé dans vos écoles, moi que vous avez formé, moi qui ai choisi les connaissances et les dogmes que je professe aujourd'hui ! » L'ironie a rarement un accent plus éloquent et plus cruel.

Mais, pour parler avec ce ton d'autorité, il fallait nécessairement avoir fréquenté les écoles et l'antiquité, il fallait savoir à fond ses philosophes et ses dieux. Saint Clément d'Alexandrie, à l'exemple de ses frères d'Orient, s'attaque, lui aussi, à la théologie païenne ; il répond à toutes ses objections, il ouvre à la lumière tous ses temples, il provoque tous ses grands hommes : Orphée, Hésiode, Euripide, Antisthène, Cléanthe, Platon. Peu d'hommes, chrétiens ou profanes, ont été plus savants que saint Clément d'Alexandrie dans tous les mystères de l'antiquité, il sait le nom de tous les dieux, il sait le crime de toutes les déesses, il a compté tous ces sacrifices impies ; puis, quand il rencontre Platon, il s'arrête, il s'incline. « Où donc, ô Platon, avez-vous appris cette importante vérité, qu'il n'y a qu'un Dieu unique, incréé, éternel ? — Vous avez beau le faire, nous savons que c'est dans l'Egypte que vous avez appris la géométrie, l'astronomie en Chaldée ; — et vos idées sur la Divinité, vous les devez à ce peuple hébreu qui n'a pas été enseigné par les hommes. » Écoutez aussi la péroraison de ce célèbre discours, dans lequel toute l'antiquité est en jeu : « Que l'Athénien suive les lois de Solon, l'habitant d'Argos les lois de Phoronée, et le Spartiate les lois de Lycurgue ! Nous autres, chrétiens, nous avons le ciel pour patrie et Dieu pour législateur ! »

Ainsi, à chaque pas que nous faisons dans l'étude des pères de l'église, l'antiquité domine : elle est tour à tour une menace, une espérance, une force, une déclamation. Ce même Clément d'Alexandrie a fait un livre intitulé : *Stromates* (on dirait *essais* ou *mélanges* aujourd'hui, et dans ce livre, qu'il compare lui-même à une prairie émaillée de toute sorte de fleurs, corbeille où chacun peut puiser à pleines mains, l'illustre évêque n'hésite pas à reconnaître que la philosophie antique était une excellente introduction à la connaissance de l'Évangile, qui en devait être le perfectionnement. « Il faut, dit-il (noble conseil qui a été rarement suivi), connaître l'antiquité pour la combattre, car, bien que la science des anciens fût utile, elle était insuffisante; ces vives semences attendaient les rosées du ciel, et produisaient des tiges plus ou moins saines, jusqu'à l'avènement de celui qui pouvait seul en assurer les fruits vivifiants! » Et, plus loin, ce sage et bienveillant docteur de la science évangélique annonce qu'il ne veut rien détruire des œuvres de la Providence : « Elle n'a jamais permis que la vérité fût anéantie ici-bas, et que le mensonge y régnât sans être inquiété par quelque vive lumière? — La philosophie antique, c'est *la haie autour de la vigne*. » Alors pourquoi donc arracher la haie? elle protège la vigne. « La philosophie, ajoute saint Clément, *c'est le vestibule*, c'est le passage qui mène au *sanctuaire*. Le vrai chrétien ceci est décisif) se garde bien de négliger les sciences humaines; elles lui servent d'un divertissement innocent quand il veut se délasser des occupations plus sérieuses; il peut même en tirer un grand parti, tantôt pour mieux connaître la vérité, tantôt pour mieux répondre à ceux qui la combattent... Maître des Grecs, à son tour, le christianisme persuade, il ne contraint pas; libre, mais sans licence, simple dans ses discours, le vrai chrétien exprime sa pensée sans déguisement... *Jamais il ne se livre à l'emportement*, fût-il haï, persécuté, méprisé... Il rend gloire à Dieu en labourant, en naviguant, en remplissant tous les devoirs de sa profession... A quoi sert une sagesse qui ne gouverne pas les mœurs du malheureux qui la professe?... Il faut apprendre soi-même, quand on enseigne les autres; car, dans un bon enseignement, il y a autant à profiter pour le maître que pour ses disciples. Enfin le Verbe divin a parlé à tous les hommes le même langage; c'était lui-même qui *parlait par la bouche des anciens philosophes*, quand ils savaient résister aux profanes pensées, *et c'était là une véritable et sainte philosophie!* » 'Saint Clément ajoute en finissant : « Dieu avait donné la philosophie aux Grecs, comme il avait donné la loi aux Hébreux, *pour quelle leur servît d'introduction à l'Evangile.* » Et, pour conclure avec la même verve dans l'induction et le même éclat dans la parole : « *Nécessaire, indispensable* aux Grecs avant la venue de Jésus-Christ, la philosophie est utile présentement pour la direction de la piété et du culte divin; elle sert à établir les principes de la foi, elle sert à éclairer la démonstration ! »

Il faudrait citer encore tout le passage (cité déjà par le père Bourdaloue) dans lequel cet admirable pédagogue saint Clément, retrouvant en son chemin les poètes païens, les approuve et les loue, en fin de compte, de n'avoir pas été les dupes de leurs faux dieux. « Voyez, dit Bourdaloue avec saint Clément, la bonne foi de ces grands poètes, les théologiens du paganisme : lorsqu'ils décrivaient les pratiques menteuses de leurs fausses divinités, ils ne les représentaient jamais dans leur forme naturelle, mais toujours déguisées et souvent changées en bêtes. — Nous les blâmons d'avoir ainsi déshonoré leur religion et démenti la majesté de leurs dieux; mais, à le bien prendre, ils en jugeaient mieux que nous, car ils voulaient nous dire par là que ces dieux prétendus n'avaient pas pu se porter à de pareilles extrémités sans se méconnaître, et qu'en devenant adultères, non-seulement ils s'étaient dépouillés de l'être divin, mais encore qu'ils avaient renoncé à l'être de l'homme! » Il me semble que l'argument est péremptoire. Ainsi voilà Bourdaloue et saint Clément, deux lumières de l'église, qui reconnaissent hautement que « le paganisme des poètes de l'antiquité est un paganisme sans danger; » on dirait même, à les en croire, qu'il faudrait rendre grâce aux poètes antiques du peu de cas qu'ils ont fait des dieux de l'Olympe!... Eh bien ! quand même notre dissertation : du peu de danger de l'antiquité dans les jeunes esprits, devrait y perdre un argument considérable, nous dirons que cette louange adressée aux poètes antiques par saint Clément d'Alexandrie et par le père Bourdaloue est une louange injuste, cruelle, et nous dirions perfide, si le mot *perfide* était bien séant à la grandeur de ces véritables apôtres.

A Dieu ne plaise en effet que, pour mieux défendre et protéger les plus grands poètes qui aient instruit et charmé le genre humain, nous acceptions ces accusations et ces louanges d'une impiété préméditée ! Homère a vu tous ses dieux, Virgile croyait à tous les siens; s'ils n'avaient pas été des croyants, ils n'auraient pas été de si grands poètes. C'est là ce que dit très bien et très hardiment un païen converti, Minutius Félix, qui fut le dernier héritier de cet Hortensius, l'exemple du barreau romain, célèbre à la fois par son éloquence et par son luxe, éloquent ami des belles-lettres et des beaux-arts, adoré des Romains, estimé de Cicéron, censuré par Tertullien, l'égal et le rival de Crassus, de Philippe et d'Antoine; Hortensius eut pour clients des rois et des consuls: il eut la gloire de défendre) pompée, il eut le malheur de défendre Verres!

Dans ce barreau romain, qui se souvenait encore de ces exemples d'éloquence et de fortune, brillait beaucoup plus tard Minutius Félix; comme il allait atteindre à toutes les hauteurs de son art, il fut touché de la grâce et se fit chrétien; mais loin d'accuser d'impiété et de cynisme les dieux qu'il abandonnait, il proclama, dans un livre intitulé Octave, que la grandeur de l'ancienne Rome venait justement de sa piété envers les dieux. « Elle avait eu ce génie et ce courage hospitaliers d'accorder un asile à tous les dieux répandus dans le monde; elle avait attiré dans son Capitole intelligent la Cérès d'Eleusis, la Cybèle de Phrygie, l'Esculape d'Épidaure; elle avait ramené Bélus de Babylone, Astarté de la Syrie, et de la Tauride Diane, et des Gaules Mercure. Ainsi, grâce à la piété des Romains, s'étendit et se propagea dans le monde entier la puissance romaine, et l'empire du peuple-roi domina le monde en récompense des vertus religieuses qu'il emportait dans toutes ses guerres. O Rome ! tu avais pour remparts le culte de tes dieux, la chasteté de tes vierges, le respect que tu portais à tes prêtres! On la vit, assiégée et prise de toutes parts dans son dernier refuge, le Capitole, continuer ses sacrifices et ses prières à ces mêmes dieux qui semblaient déserter la cause romaine, et de ce poste sacré braver les Gaulois étonnés de tant d'audace! Ainsi je l'avoue, et je le dis tout haut aux chrétiens qui m'entendent, c'est par sa fidélité aux croyances des autres nations autant qu'à ses propres croyances que Rome a mérité d'en être la maîtresse ! » Il va ainsi tant qu'il peut aller, et sans nul doute il y a autant de grandeur d'âme dans ce reste d'estime et de respect pour les croyances auxquelles il renonce, qu'il y avait tantôt d'ironie et d'esprit dans cette guerre que faisait Tatien aux adorations de sa jeunesse. Et voilà pourquoi nous devons, nous autres, notre sympathie et nos respects à ces anciens, qui, vaincus de toutes parts, sont restés debout au milieu de ces louanges et de ces injures également éloquentes.

A dire vrai, les lettres profanes ont été cruellement attaquées. Lisez, dans Grégoire de Tours, l'anathème lancé contre les philosophes et les poètes anciens qu'il appelle *des scélérats*! Lisez l'imprécation de l'antique Sorbonne appelant le grec *la langue même de l'hérésie* ! Faites-vous raconter, après le règne païen de Léon X, les mépris de son successeur, Adrien VI, pour les poètes qu'il appelle *des imbéciles*, pour le Laocoon et l'Apollon du Belvédère qu'il appelle des faux dieux ! Peu s'en fallut que ce pape Adrien VI ne fît de tous ces marbres de la chaux vive pour la basilique de Saint-Pierre! Et que dit-on encore? On dit que la barbarie a commencé justement à l'éclipsé du génie antique; on dit que cette ruine a commencé aux guerres de Bélisaire, aux massacres de Narsès, aux invasions de Totila; on dit que cette nuit de l'intelligence fut remplie de meurtres, de sacrilèges, de blasphèmes, de bibliothèques brûlées, de musées dévastés, de bandits qui s'intitulaient *le fléau de Dieu et des villes antiques*. On dit même que Grégoire-le-Grand a fait brûler les histoires de Tite-Live, les comédies de Mevius, d'Ennius, d'Afranius! S'il ne les a pas brûlées, car ce crime est resté un doute pour Bayle lui-même, au moins il les a livrées à l'anathème et aux mépris de son peuple, témoin sa lettre à Didier, évêque devienne, afin qu'il eût à fermer au plus tôt une école de littérature profane, « parce que, dit-il, dans la même bouche il ne voulait pas entendre la louange du Christ et de Jupiter. » Ceux donc qui s'attaquent aux poètes anciens n'en sont pas à faire une découverte; ils vont tout simplement au moyen-âge; ils remontent sans pitié et sans peur le flot sombre qui nous ramène à la barbarie envieuse et méchante, parce qu'elle est la barbarie; tout l'inquiète et tout lui pèse; elle invoque la nuit et l'horreur, comme autrefois les héros d'Homère imploraient la clarté du jour. Son espérance, la voici : c'est que la fin du monde est proche et que l'humanité tout entière va disparaître dans l'expiation et la pénitence. Ainsi voilà les véritables ennemis des lettres antiques : la barbarie et l'ignorance! Oh! les dignes associés!

Ajoutez, s'il vous plaît, à ces ennemis de l'urbanité, du bel esprit, de l'élégance, de la politesse, de la grâce en toutes choses, le farouche Luther, et cet autre opposant, le moine Savonarole, enfouissant dans le bûcher dont la flamme va le dévorer les chefs-d'œuvre que les Médicis avaient sauvés, les écrivains que Dante, Pétrarque, Boccace, le Pogge et François Philelphe avaient retrouvés avec tant de soins et de dépenses. Il y avait, dans ce bûcher de Savonarole, réunis pour la première fois par un zèle impie, Homère et Dante, Pétrarque et Cicéron, Plutarque et Politien, la poésie antique et la poésie moderne; il y avait aussi, — car une fois que l'on est en train de détruire et de brûler, tout brûle et tout est détruit, — dans cette pyramide vouée aux flammes, les tableaux et les statuettes des plus grands maîtres, des vases d'or et d'argent, des robes brodées, des parfums exquis, des instruments d'ébène et d'ivoire, des bustes, des portraits, des images, des lettres d'amour, des poèmes commencés, toutes sortes de colliers et de parures, et les plus rares manuscrits ornés de peintures rehaussées d'or! — Tout brûla. Seulement on raconte que le farouche ennemi de l'antiquité, Savonarole, trouvant sous sa main un Virgile, eut pitié de Virgile et le repoussa du bûcher. Ce fut même un des privilèges de ce poète charmant; il fut le seul poète de l'antiquité que respecta le moyen-âge; son nom vivait encore dans cette barbarie. On retrouvait de temps à autre sa douce clarté dans les ténèbres. Grégoire-le-Grand lui-même n'eût pas osé condamner Virgile. Le poète se tirait sain et sauf de ces bûchers, de ces embûches; il avait en lui-même un charme, une grâce inexplicables; il avait rencontré des fanatiques parmi les pères de l'église les plus austères et les plus acharnés au triomphe définitif du moyen-âge et à la défaite entière de l'antiquité : même il y en avait dans le nombre de ces esprits féroces, qui retrouvaient dans les poèmes de Virgile un esprit chrétien! Plusieurs citaient le sixième livre de *l'Enéide* comme un cantique. Enfin la quatrième églogue avait été traduite en vers grecs, et elle avait été lue au concile de Nicée comme une prophétie annonçant l'étoile qui se détache du ciel et s'arrête sur l'étable de Bethléem! — Et voilà pourtant le poète qui, dit-on, a supporté, plus violemment que tous ses confrères, le terrible index des puritains de 1852! — Les cruels! ils ont traité Virgile à peu près comme Celse est traité par Origène, ou comme Tertullien traite Marcion!

Eh bien! ce terrible et implacable Tertullien, il avait souvent des vers de Virgile à la bouche, et même il le traduisait avec bonheur, lorsque, parlant de la renommée, il l'appelle : *un monstre que rien n'égale en vitesse* :

Fama malum que non aliud velocius ullum !

Et pourtant il n'aime guère l'antiquité, il ne lui fait pas bon visage, il la traite avec une profonde horreur, l'accusant de toutes les persécutions sous lesquelles se débat l'Évangile. C'est même là un des caractères de la haine vigoureuse que porte l'église au paganisme, elle n'y voit que des idoles impuissantes, des vices sans nom, des désordres honteux. « Vous appelez dieux des fantômes dont nous ne voudrions pas pour nos démons! » C'est du pur Tertullien. Il dit aussi quelque part : « Ce repos de l'empire et cette paix profonde où nous sommes, vous les devez à nos prières, c'est nous qui désarmons le ciel, c'est nous qui forçons sa clémence, et, lorsque nous avons obtenu grâce pour le genre humain, vous en remerciez cet escroc de Jupiter! » *Et cum miseriam extorserimus, Jupiter honoratur!*

Mais quoi! plus profonde est leur horreur du paganisme, et plus il faut leur tenir compte de leur admiration pour les poètes païens! Ils ont quelque chose en eux-mêmes, ces chrétiens farouches, qui leur fait aimer, malgré eux, ces beautés, ces grâces, ces charmes, cet atticisme dont ils s'inquiètent, cette urbanité qu'ils recherchent souvent et qui ne les fuit pas toujours. Ils aiment l'ordre et tous les charmes de l'ordre; ils aiment l'esprit et la lumière; ils honorent le génie, ils ont un profond sentiment de la grandeur, ils se ressentent d'Athènes, ils se rappellent la ville éternelle; l'un d'eux s'écrie à l'aspect du Capitole habité par saint Pierre : *Stet Capitolium fulgens!* C'est un mot d'Horace. Ils ont salué dans leur jeunesse la colonne de Trajan, la colonne d'Antonin, le jardin d'Horace, le palais de Mécène aux Esquilles et le cirque de Néron! Ils tiennent par leur génie, ils tiennent par leurs études et par leur naissance à Rome, à la Grèce, à l'Asie, à l'Occident, à l'Afrique, aux mondes éclatants, aux mondes obscurs; ils ont vu de l'antiquité même les fantômes, même les miracles, même les songes et les dernières métamorphoses; ils ont subi à leur insu le goût personnel de tant d'empereurs si puissants que la langue même obéissait à leur caprice. Ainsi ils sont restés les dépositaires, involontaires si vous voulez, mais les dépositaires actifs et passionnés de la philosophie et de la théologie païennes, conservant au Capitole chrétien la devise romaine : *Urbi et orbi* ! Véritables Athéniens et Romains véritables, ils procèdent également par le mépris et par l'enthousiasme; ils commandent, ils règnent, ils imposent, impérieux, volontaires, dédaigneux, ingénieux. Et que d'esprit, et que de politesse, et quels traits plus vifs, et quelles grâces plus naturelles, et comme ils ont justifié par cette fréquentation intime des modèles, par ce sens interne du beau, cette parole du prophète : *Diffusa est gratia in labiis meis* ! « Il nous faut des recherches sans fin et creuser bien avant dans l'antiquité quand nous voulons combattre les détracteurs du christianisme par les témoignages empruntés aux écrits de leurs poètes et de leurs philosophes! » C'est Tertullien lui-même qui parle ainsi ; à ces paroles d'un si grand esprit, que peut-on répondre? Il faut s'incliner, il faut obéir, il faut respecter ce que ces grands démolisseurs ont eux-mêmes respecté.

Cette comparaison sans cesse renaissante des deux religions aux deux premiers siècles de l'église fournit à Lactance (on l'appelait le *Cicéron chrétien*) un beau livre intitulé : *De la fausse Sagesse*, et ce savant homme, élevé dans toutes les préventions de l'école, se garde bien, quand il s'attaque aux chefs de l'antiquité, de procéder par l'injure et par l'insulte. Avec quel soin même et quel zèle aimable il répond aux dialogues philosophiques de Cicéron, et quel profond respect il témoigne aux philosophes du Portique ! « Il s'est rencontré, dit-il, dans l'antiquité même, des hommes d'un esprit supérieur qui, s'appliquant tout entiers à l'étude de la philosophie, ont renoncé pour elle à toute affaire et publique et privée; ils s'étaient dit, en hommes sages, qu'il était incomparablement plus honorable de pénétrer dans les connaissances divines et humaines que d'amasser des richesses et de courir après les honneurs. Ils méprisaient e s frivoles avantages qui se bornent à la vie présente, et qui ne peuvent rendre l'homme ni plus juste ni plus heureux. Ce fut cette noble passion de la vérité qui poussa quelques-uns d'entre eux à faire l'abandon de leur fortune, à se priver de tous les plaisirs, pour s'attacher uniquement à la seule vertu, qu'ils estimaient le souverain bien. » Et c'est un docteur de l'église, c'est un chrétien austère, un Lactance, qui parle en ces termes magnifiques des philosophes païens! Qu'il soit le bienvenu dans ces heures difficiles où h-s plus simples questions sont remises en si grand doute! Soyez le bienvenu, et servez d'exemple, en effet, aux petits chrétiens et aux petits latinistes de nos jours qui ne veulent lire Tite-Live et Virgile que sous bénéfice d'inventaire, ô grand homme d'une si aimable et si charmante modération ! *Novi enim moderationem et œquitatem animi tui*, disait Lelius à Caton l'ancien.

Lactance était un des grands rhétoriciens de son temps; il était un disciple d'Arnobe, un esprit de la même famille. Vers l'an 317, il fut envoyé dans les Gaules par l'empereur Constantin pour présider aux études de Crispe, son fils; il vécut pauvre, il mourut pauvre; toute sa vie il enseigna les belles lettres aux chrétiens attentifs. Dans le temps où il professait la rhétorique à Nicomédie, il parlait souvent à ses disciples des auteurs profanes. S'il reconnaît que la lecture des anciens offre des dangers, il le reconnaît à la façon du bon Plutarque lui-même, qui a écrit dans ses œuvres morales tout un chapitre : *Comment il faut lire les poètes*. L'idée, un seul instant, ne vient pas à Lactance de brûler la bibliothèque d'Alexandrie. « Platon, dit-il, nous a transmis beaucoup de choses sur l'unité d'un Dieu créateur de l'univers; il rêva Dieu, il ne le connut pas. » C'est pourquoi il appelle Pla*ton un sublime rêveur*.

« Il faut, disait saint Cyprien, que non-seulement l'évêque enseigne, mais encore qu'il apprenne, et celui qui fait des progrès chaque jour et apprend les choses les plus parfaites enseignera beaucoup mieux. Au reste, à chacun son œuvre et son étude : au barreau et dans les déclamations publiques, l'éloquence étale ses richesses; nous, austères pasteurs des peuples, nous nous contenterons de l'expression simple et pure de la vérité, laissant à qui les veut cultiver les artifices du langage. » Dans son admirable sermon sur l'unité de l'église, prêché à l'ouverture de l'assemblée du clergé en 1681. Bossuet explique de la même façon que l'église par le toutes les langues, parce que son langage est l'expression et l'unité de tous les peuples. *Omnium linguis loquitur quia in unitate est omnium gentium*, c'est une parole de saint Augustin. Donc toutes les langues, vous l'entendez, la langue sacrée et la langue profane, la langue ingénue et la langue savante! l'église marche entre l'autorité des siècles passés et la majesté des siècles futurs. « Ayez confiance, j'ai vaincu le monde! » ainsi par le l'Évangile. Et pourquoi le priver de ses langues de feu? pourquoi lui fermer les portes antiques d'où il est sorti, les villes antiques où il a régné? Saint Jérôme a loué saint Hilaire d'unir les beautés et les ornements de la langue grecque à la majesté du langage français : *Gallicano cothurno attolitur* !

Si maintenant nous allons à saint Basile, archevêque de Césarée, un homme dont le génie égalait les vertus, « sans égal dans l'art oratoire, » disait Erasme,[1] aussitôt nous rencontrons dans les œuvres du saint archevêque de Césarée un guide bienveillant, un maître accompli, un rare esprit qui s'accommode à merveille de ces historiens, de ces poètes et même de ces rhéteurs que l'on voue à l'opprobre. Il a écrit un livre admirable *sur l'utilité que les jeunes gens peuvent retirer de la lecture des livres profanes*, et, loin de marcher, comme il est dit, *sur l'aspic et le basilic*, loin de fouler aux pieds *le lion et le dragon*, il engage les jeunes esprits qui l'écoutent à se livrer, partout où elle se rencontre, à l'utile moisson des saines paroles. « Enfants, écoutez-moi : l'âge auquel je suis parvenu, les vicissitudes de ma vie et mon expérience personnelle me donnent une certaine autorité sur vos jeunes âmes. Je vous aime et je suis un peu votre père; je vais vous enseigner à tirer bon parti des vieux auteurs, à leur prendre ce qu'ils ont d'utile, à laisser ce qu'il importe de négliger. » Alors le voilà enseignant ces jeunes gens qui l'écoutent avec une modestie, une modération, un zèle tout paternel, que nos chrétiens d'aujourd'hui feraient bien d'imiter. D'une main sûre, il ouvre les poètes proscrits, il les ouvre aux belles pages, et, montrant à ses disciples, éblouis de ces clartés inattendues, ces miracles de l'esprit humain qui sont restés enfouis si longtemps dans la nuit infidèle du moyen-âge : « Enfants, s'écrie-t-il, ayez bon courage! Quand le poète vous met en présence des grandes actions et des grands hommes du monde ancien, prêtez-lui une oreille attentive. Écoutez, enfants, le salutaire enseignement du poète; mais, s'il oublie un instant l'honneur des chastes muses, fuyez aussitôt en vous bouchant les oreilles, comme fit Ulysse aux chants de la sirène. Oui, c'est notre devoir de veiller sur nous-mêmes, de peur que, charmés par l'attrait sonore des paroles savantes, vous ne receviez à votre insu quelque impression vicieuse, et qu'avec le miel des livres éloquents, nous n'introduisions dans vos âmes des sucs empoisonnés. Honneur aux poètes quand ils enseignent de grandes et utiles leçons! honte aux poètes s'ils nous montrent, en leurs vers corrompus, les joies insensées du vin et de l'amour ! »

C'est encore saint Basile qui, envoyant aux écoles d'Athènes un enfant de son adoption, l'adresse à Libanius : « Servez-lui de père;

---

[1] Erasme a écrit la préface de l'édition de saint Basile, donnée par les bénédictins.

il est le fils d'un ami qui m'est bien cher. Instruisez-le dans les arts que vous savez si bien, et s'il a quelques défauts, soyez semblable à ces bonnes gens qui aiment les roses et qui ne se fâchent point contre les épines dont la rose est accompagnée! » A lire ces merveilles, on respire avec une joie mêlée d'orgueil le véritable parfum venu de l'Attique. Et voilà justement la grâce et le charme, et voilà ce qui nous plaît chez les anciens et ce qui nous enchante, à savoir la forme, et la vie, et l'accent, et la parole à ce point accomplie! On lit à ce propos dans un livre excellent, *les Nuits attiques*, une histoire incroyable et très vraie et qui fait le plus grand honneur aux deux hommes qui en sont les héros. Pompée un jour consacrait un temple à la Victoire; il voulait mettre au fronton de ce monument, qui n'est plus que sable et poussière : *Consul tertium* ou *Consul tertio*; cependant il hésitait entre *tertium* et *tertio*; tantôt son œil était blessé, tantôt son oreille était mécontente. Cependant la ville entière s'occupait du *tertium* et du *tertio*, lorsque Cicéron, le maître absolu des élégances du beau langage, proposa d'inscrire sur le marbre en litige : *Consul tert*, et l'inscription fut ainsi faite. Ils sont nos maîtres, ces Romains, en toutes choses. En voilà qui, sur le penchant des plus grands abîmes, s'occupent de la façon d'une inscription passagère! Ils disaient avec leur maître : *Aliud grammatice, aliud latine loqui*; ils avaient poussé à cet excès de gloire et de précaution le respect de la langue paternelle; ils la voulaient grande et régulière, avec quelque chose de net et d'auguste, l'exactitude mêlée au génie. Et c'est pourquoi celui-là commettrait un crime énorme qui nous priverait du vrai langage latin.

Il venait aussi des écoles d'Athènes ce saint Grégoire de Nazianze, archevêque de Constantinople, où l'éloquence attirait en foule les païens et les hérétiques, et c'est aussi aux écoles d'Athènes qu'il avait appris l'éloquence. « Quand il fallut quitter cette institutrice de ma première jeunesse, ah! que d'hésitations, que de larmes, que de regrets! C'était autour de moi un concours immense d'Athéniens, de Romains, mes amis, mes camarades, mes maîtres. — Reste avec nous, me disaient-ils, enfant du Lycée et du portique! Et je restais... Mais le regret de la patrie absente, la piété filiale et la soif de l'Évangile me commandaient de partir; je partis la nuit. Je te dis adieu, Athènes, et, de retour à Rome, mon premier soin fut de faire au Christ, notre sauveur, le sacrifice de ma passion pour l'étude et de mon amour pour les poètes antiques. »

Hélas! ô vanité de la volonté humaine! il s'imaginait qu'il avait renoncé pour toujours à la poésie païenne, et il y revenait sans cesse. Dans ses vers modulés sur la lyre même d'Horace et de Pindare, il pleurait tous ces *trésors qu'il avait jetés*, disait-il, *à l'océan*. « Que n'ai-je les ailes de la colombe ou de l'hirondelle! J'irais au désert, parmi les bêtes sauvages, plus fidèles que les hommes, et là j'invoquerais la muse que j'ai quittée, et elle obéirait encore à ma voix, car je n'ai jamais été sensible qu'à la gloire des lettres; je la cherchais partout où elle brillait, cette étoile divine, et je fus la chercher au milieu d'Athènes, l'ornement de la Grèce. Ah! que de longues et patientes études à la poursuite des muses! » Plus loin, il parle de son père : « Mon père avait servi les idoles, nous dit-il; mais cet olivier sauvage, enté sur l'olivier franc, tira tant de sucs généreux de cette racine féconde, qu'il couvrit les autres arbres et rassasia une infinité de personnes par la douceur de ses fruits. » *Enter l'olivier franc sur l'olivier sauvage*, voilà, ce me semble, toute la question des pères de l'église et de l'antiquité classique. Et que de fruits en effet, que de sucs généreux, quel olivier vivace et protégeant la jeunesse française de son ombre féconde!

Nous allons bientôt retrouver saint Grégoire de Nazianze dans une question décisive, une question de vie et de mort, où l'antiquité et l'église seront en présence. Interrogeons cependant, avant de conclure par ce grand plaidoyer de saint Grégoire et par cette parole empreinte du feu d'en haut, *ignitum eloquium Dei*, tant d'autres lumières de l'église militante. Interrogeons saint Jean Chrysostôme, et nous le verrons, *cette bouche d'or*, occupé dans sa jeunesse à traduire les comédies d'Aristophane! « C'est même dans l'imitation du poète grec, — nous raconte le père Levavasseur dans son livre de *ludicra Dictione*, — que ce grand homme avait trouvé ce nerf et cette véhémence qui se font sentir dans la peinture des mœurs de son temps. Ce fut aussi dans les comédies d'Aristophane (étrange instituteur cependant pour un père de l'église!) que saint Jean Chrysostôme puisa cette grâce et cette pureté de langage qui éclatent dans son discours! »

Comment donc! si les premiers travaux de cet apôtre oriental n'avaient pas été perdus, il serait arrivé que l'auteur de ces puissantes homélies qui tenaient en suspens le monde chrétien eût été le restaurateur et le sauveur du plus spirituel et du plus licencieux poète de l'antiquité athénienne, Aristophane; car du poète athénien, qui reposait sous son chevet, Chrysostôme avait traduit vingt-huit comédies, et l'Europe savante, à son regret éternel, ne possède que onze comédies de ce bel esprit railleur qui fut l'orgueil et la honte du peuple athénien. Ainsi Chrysostôme a traduit (que vont dire les ennemis de l'antiquité?) ces merveilleuses licences intitulées : *les Oiseaux, les Grenouilles, Lysistrata* et *les Fêtes de Cérès* !

Un élève, non pas d'Athènes, mais de Rome, un Romain, saint Jérôme, un des plus grands docteurs de l'église, nous raconte, lui aussi, comment, jeune homme infidèle à son Dieu, il s'abandonna aux délices romaines. Eh bien! Jérôme, ébloui, fasciné, perverti par le bruit de ces poèmes, de ces histoires, de ces philosophies et par l'enivrement de ces parfums, finit cependant par être touché de la grâce et du repentir. Peu à peu son âme entre dans le calme et son esprit dans la vérité. Il voyage, il visite les Gaules, il s'arrête au désert, et déjà il choisit Bethléem pour son tombeau, lorsque l'église l'appelle à son aide. Alors il revient tout-à-fait vaincu, repentant, transformé. Ne croyez pas cependant que, même au désert où il rentre après la lutte, il ait oublié Rome, ses amours et sa peine. Rome, au contraire, le poursuit jusque dans son sommeil. Il la voit exposée aux Barbares, cette grande cité qui fut, durant dix siècles, l'orgueil et le désespoir du genre humain. Il entend le bruit du îlot qui monte incessamment : les Vandales, les Huns, les Gaulois, les Visigoths, et, dans ces moments de désespoir, il vous invoque au nom de la ville éternelle, vous les héros de Rome et ses défenseurs légitimes, Camille, Fabricius, Regulus, Scipion. A l'aide des philosophes expirants il appelle Aristote et Socrate, Pythagore et Platon : « Que les poètes se retranchent derrière Homère, Hésiode, Virgile, Ménandre et Térence ! que les historiens invoquent Thucydide, Salluste, Hérodote et Tite-Live ! les orateurs auront pour les protéger Lysias et les Gracques, Démosthènes et Cicéron. » Dans ce danger, tous les grands noms de l'antiquité se retrouvent sous la plume de saint Jérôme, et toujours et sans cesse il se rappelle « le temps où il résidait à Babylone, attelé au char de la grande prostituée et jouissant du droit de citoyen romain. » Et cela nous charme et cela nous plaît, ce citoyen romain, ce Romain chrétien, qui se réveille sous la robe du solitaire avec les impatiences d'un soldat de Paul-Émile.

Au reste, ces chères surprises se rencontrent à chaque instant dans la vie des pères de l'église. Voilà par exemple saint Épiphane que l'on emporte en triomphe à Salamine sa patrie ; voici saint Barnabé, l'apôtre des Gaules, qui s'en va prêcher l'Évangile à Cythère, à Paphos, à Lystre, et le voyant si fier, si calme et si beau, les habitants de Lystre le prennent pour Jupiter et lui veulent offrir des sacrifices. Cette Afrique, elle ne savait ni le nombre de ses poètes, ni le nombre de ses docteurs, ni celui de ses hérétiques ! Elle se glorifiait tout autant de ses théâtres que de ses églises, de ses temples que de ses écoles ; elle était païenne et chrétienne tout ensemble, acceptant tous les poètes, adorant tous les dieux et parlant toutes les langues. Cicéron vivant s'était déjà préoccupé de ce langage furibond qu'il appelait en si bons termes : *Ventosa et enormis loquacitas* ! Heureusement que cette terre insolente allait rencontrer son maître et son dompteur, saint Augustin !

Saint Augustin, plus que tout autre, est l'enfant de l'ancienne poésie : elle l'a nourri de son lait, elle l'a conduit aux écoles de Carthage, elle l'a enivré de ses enchantements, et quand enfin il eut épuisé Virgile, Homère, Théocrite, Ovide, Anacréon, et toutes les histoires qui enseignent à prêcher, *historias peccare docentes*, le jour vint bien vite où ce noble cœur se sentit lassé de tout, même de V espérance. Et qui l'eût dit ? son premier pas dans la sagesse, ce fut de lire un livre de Cicéron intitulé : *Hortensius*, un livre qui n'est pas venu jusqu'à nous. Ce livre de Cicéron était une exhortation à la philosophie, au calme, au bon sens, au mépris des passions mauvaises ; c'était vraiment un sage qui s'adressait à ce jeune esprit dans le plus magnifique des langages, et c'est ainsi que commença la conversion du jeune homme. On eût dit que Cicéron lui-même le prenait par la main et le présentait à saint Paul. « Jeune homme, prends et lis ! » quand il entendit retentir à son oreille charmée cette grande parole, Augustin y avait été préparé par les leçons de l'Académie et du portique. Ainsi, même pour la conversion chrétienne, il y aurait, vous le voyez, un certain danger à brûler les livres des philosophes. « Insensé que j'étais, je pleurais sur la mort de Didon, qu'un transport d'amour avait portée à se tuer de ses propres mains, et je voyais d'un œil sec cette mort que je me donnais à moi-même en me remplissant de ces vaines imaginations; et s'il arrivait qu'on me détournât de ces lectures, je m'affligeais d'être arraché à cette cause de mes larmes. » — Ainsi, tout rempli de son Virgile, il déplorait ce qu'il appelle la *folie des belles lettres* ! «J'étais emporté en même temps par une passion violente pour les spectacles, qui m'offraient de continuelles images de mes misères et comme un nouvel aliment au feu dont j'étais consumé. Pourquoi est-on avide de cette tristesse que font éprouver les aventures tragiques et douloureuses de la scène? On serait fâché d'éprouver de semblables choses, et cependant le spectateur se plaît dans cette tristesse, on peut même dire qu'elle fait sa joie; en effet, on est d'autant plus ému de ces douleurs passionnées, qu'on est soi-même moins exempt des faiblesses qui leur ressemblent. Ce mal que nous ressentons, qui nous est propre, s'appelle misère; ce que nous ressentons du mal des autres est appelé compassion; plus il a éprouvé de ces émotions douloureuses, plus l'acteur qui les a fait naître recueille d'applaudissements et de louanges. S'il arrive que ces événements tragiques soient représentés d'une façon languissante, aussitôt l'ennui s'empare du spectateur, et il quitte le théâtre; au contraire, il y reste jusqu'à la fin de l'œuvre, pour peu que vous sachiez lui arracher des larmes, tant il se plaît dans ces tristes émotions. »

On a écrit certainement des montagnes de livres sur l'art dramatique, sur les comédiens et sur les fêtes du théâtre : on n'a rien fait qui égale ce passage des *Confessions*, et puisque nous cherchons le sens purement littéraire des pères de l'église, il serait impossible de le trouver à un plus haut degré que dans les livres de saint Augustin. « Il n'y a rien sur la terre, disait-il encore, de plus misérablement partagé que le cœur de l'homme; toujours une partie qui marche et toujours une partie qui se traîne, toujours une ardeur qui presse avec un poids qui accable, toujours vouloir et ne pas vouloir, craindre et désirer la même chose! — et que j'ai longtemps été retenu par ces poèmes, par ces licences, par ces plaisirs : *retinebant me nugæ nugarum, antiquæ amicæ meæ* ! »

Si donc il a eu tant de peine, lui, ce grand docteur, appelé le docteur de la grâce, à se séparer de ces poètes aimés, comment donc et de quel droit nous voudrait-on priver de ces fêtes de la poésie et de ces jeux de l'esprit qu'il aimait tant? A lui-même, ses amis et ses camarades disaient : « Vous allez donc renoncer à tous ces plaisirs, vous allez donc briser sans pitié ces beaux livres qui étaient l'ornement de votre jeunesse? Eh quoi! vous renoncez aux jeux du théâtre, et plus de réunions, et plus d'assemblées, et plus d'élégies? et vous croyez que vous supporterez l'ennui d'une vie si unie et si vide, si différente de celle que vous avez menée jusqu'ici? » Voilà justement les paroles que nous entendons retentir à nos esprits troublés, lorsqu'on insulte à l'antiquité notre mère nourrice. Il nous semble qu'au même instant l'on s'attaque à tous nos plaisirs; disons mieux, il nous semble que l'on s'attaque à nos joies les plus innocentes. Nous disons, nous autres profanes, que l'antiquité est restée, à tout prendre, la mère des bonnes actions et des bons écrits : *Matrem omnium benefactorum, beneque dictorum*. Nous disons avec Fénelon lui-même : « Il est bon de puiser dans les sources et d'étudier à fond les anciens. » Nous savons aussi par cœur ce vers d'un poète chrétien : « Prends garde, ami, de ne pas savoir à fond les vieux siècles et la ville éternelle. »

Ignota æternæ ne sint tibi tempera Romæ !

Nous avons été élevés ainsi par tous les maîtres : par les maîtres de l'Oratoire et par les jésuites, qui ont élevé Voltaire, et par l'Université, notre mère, *alma mater*. Eux-mêmes, dans leurs solitudes et quelque peu à regret, j'en conviens, les solitaires de Port-Royal ont proclamé l'excellence de ces poèmes qui avaient éveillé le génie de Racine, et lui-même, saint Augustin, il va vous le dire : « C'est être savant que d'être uni à celui qui sait. » Voilà pourquoi, dans cette dispute qui semblait tenir à l'église uniquement, tant d'hommes se sont émus, qui n'avaient pas qualité pour mettre le pied sur le terrain de tant de savants évêques, devenus, par respect même pour la tradition, les gardiens et les sauveurs des lettres antiques. « Ce ne sont pas seulement Pierre et Jean qui sont les colonnes de l'église, mais encore tous ceux qui défendent l'église de Dieu. » Nous en dirons autant des écrivains classiques. Et quand on nous répond : — « Mais, prenez garde, on n'attaque pas l'antiquité tout entière, on n'efface pas de l'intelligence moderne la langue latine et la langue grecque, la plus belle langue que les hommes aient jamais parlée. A Dieu ne plaise! Seulement on hésite, on choisit, on cherche à remplacer ces poètes et ces philosophes dangereux. » Les remplacer, juste ciel! et par qui comptez-vous remplacer Homère, Hésiode, Euripide, Aristophane, Horace, Virgile et Tacite, et Sénèque, et Cicéron, et Plante, et Térence, et les *Dialogues* de Platon où respire l'âme de Socrate? — Hélas ! il n'est que trop facile de savoir comment ils s'appellent, et ce qu'ils ont fait pour remplacer les vrais maîtres, ces poètes et ces écrivains du nouveau choix dont personne encore n'a ouï dire le nom parmi ceux qui les remettent en lumière *in petto*. Ces noms-là, je vais vous les dire, je les sais ; ils appartiennent au grec du Bas-Empire, au latin de l'*infime latinité*. Synésius, évêque de Ptolémaïs, écrivait en effet un dithyrambe en l'honneur des philosophes païens ; Nonus, contemporain de l'évêque Synésius, a laissé un poème, *les Dyonisiaques*, à la louange de Bacchus. George Pisidès a marché sur les traces de Pindare, qui était, quoi qu'on dise, un poète lyrique, et George Pisidès s'est brûlé les ailes à ce soleil. Nous savons aussi que Psellus écrivait des élégies qui ne valent pas les élégies de Properce, que saint Jean Damascène écrivait un poème épique qui ne vaut pas l'Odyssée. Il y a encore dans cette résurrection future à tirer de leurs cendres Joseph l'*hymnographe*, Zomare l'annaliste, Théodore Prodome, un disciple de Théophraste, et tant d'autres enfants d'Homère inconnus à leur père : « muses sans grâce et sans beauté, disait un chrétien bel esprit, poèmes barbares et sauvages ; on n'y voit rien que d'affreux, de rustique et de grotesque ; à les entendre, on croit entendre le jargon des sauvages. » Ainsi par le l'abbé Fleury, et le réservé Tillemont va jusqu'à dire du poète-évêque Synésius : « Si celui-là a été fait évêque, c'est une faute que personne ne voudrait excuser. » Ce sont là pourtant les Homères et les Pindares de ce moyen-âge dont on voudrait faire l'âge d'or ! Et nous accepterions de pareils changements ! et nous donnerions l'Iliade pour les Dyonisiaques ! Muses, pleurez ! Grâces, pleurez !

Oublient-ils donc, ces Érostrates chrétiens, dans leur zèle indiscret, oublient-ils que ces grands monuments de l'esprit humain qu'ils signalent au mépris et à la terreur des nations ont été justement protégés, éclairés, défendus par les soins des antiquaires chrétiens, et que ces chefs-d'œuvre ont été arrachés par d'humbles religieux à la nuit profonde, à la nuit sanglante du moyen-âge ? C'est vous que j'atteste, illustres religieux du Mont-Cassin, lorsque vous vous sauviez de la flamme, emportant Homère et Thucydide, comme Énée emportait son vieux père à travers sa ville incendiée. Braves gens, héros et martyrs des chefs-d'œuvre confiés à leur garde, ils ont sauvé les titres de l'humanité tout entière. Que de peines pourtant et que de périls! Mais quand vint l'heure où le monde, plus calme, eut assez de loisir pour revenir à ces études oubliées, la clé de ces livres fermés se retrouva dans les couvents de l'Italie. « Ce fut, dit encore l'abbé Fleury dans son *Discours sur l'histoire ecclésiastique*, une grande marque de la Providence, de rendre à l'esprit humain ces merveilleux exemples qui lui manquaient. La poésie était si mal étudiée en ces siècles d'ignorance, que je ne daigne presque pas en faire mention….. On ne voit aucun agrément dans les ouvrages plaisants non plus que dans les ouvrages sérieux de ce temps-là; pas un de ces écrivains barbares n'avait le sentiment de la belle nature, qui est l'âme de la poésie. En revanche, ils aimaient la fiction à outrance, semblables aux enfants qui sont plus touchés du merveilleux que du vrai. »

On veut des autorités, il me semble que voilà des autorités irrécusables. Le latin moderne, au compte même du savant Fleury, n'est guère mieux partagé que le grec moderne. On peut lire, il est vrai, sans trop de fatigue et de répugnance, certains poètes des siècles éclairés, Sannazar, Vida (nous ne parlons pas de Fracastor), Pontanus, Bembo, Sadolet, et les vers latins de Pétrarque et de l'Arioste : on donnerait pourtant tous ces chefs-d'œuvre pour une églogue de Virgile. Et puis tous ces poètes nouveaux sont des poètes païens, à tout prendre; ils affectent la forme païenne, ils ont le fonds païen: il y a toujours, même dans leur invocation à la sainte Vierge, un sourire aux Muses et aux Grâces, les compagnes fidèles des hommes doctes; *doctorum virorum charités pronubœ* ! Ce ne serait donc pas la peine de changer Horace pour Vida, et Virgile pour Sannazar. Il faudrait, pour que le remède fût efficace, revenir hardiment aux poètes latins du moyen-âge. Alors nous trouvons toutes sortes de rudes et sauvages esprits, plus semblables à des Sarmates qu'à des Romains d'Auguste : saint Fortunat, saint Enoch, saint Eugène de Tolède, le continuateur de Dragontius; le vénérable Bède et le docte Vandelbert, émules et rivaux de Fulbert, et tant d'autres de la même force : Jean de Salisbury, Pierre Damien, Hildebert, Comestor, Godefroi, Pierre de Pise, Paul Warnefried. C'est à faire peur, tous ces noms, cruels même à prononcer; l'ancien Balzac en eût été malade pour huit jours, lui qui disait : « Mieux vaut dire un peintre de l'antiquité que *Parrhasius*, un philosophe que *Pro-*

tagoras, un poète grec que *Lycophron.* » Il était bien dé- goûté, ce Balzac ! Nous autres, avant peu, si nos seigneurs les évêques n'y eussent mis bon ordre, nous eussions été trop heureux de rencontrer, entre le poète Godescale et le poète Agobard, le poète épique Abbon, qui a laissé un poème des *Normands*, le poète Théodulphe et même Ermold-le-Noir, car le zèle, une fois qu'il y a du zèle en ces sortes de choses, ne sait plus où s'arrêter. On déchire *la Pharsale*, on va exalter l'*Éventail*, qui est un petit poème d'un certain diacre Florus, de l'église de Lyon. On voue au feu Perse et Juvénal, on remet en lumière les *Satires* de Balderic, évêque de Dol en Bretagne, et les déclamations poétiques d'Ébroïn, évêque de Poitiers, archi-chapelain du bon roi Dagobert.

O Voltaire, si tu étais des nôtres! Je t'ai sauvent haï... Comme je te regrette en ce moment, toi l'esprit malin, toi la raillerie et le bon sens! Il me semble te voir, semblable à un singe qui pèle une noix verte, épeler les poèmes d'Orfèdre, moine de Wissembourg, les drames de Hrosvita, religieuse de l'abbaye de Gandersheim dans la Basse-Saxe, les chansons du bon Notker, moine de Saiiit-Gall, *en diverses mesures.* et les églogues d'Arnould, évêque de Lisieux, qui s'intitulait modestement le meilleur poète du Xe siècle ! Nous devons aussi indiquer à l'université future, parmi les poètes qui sont nés *expurgati*, Marbold de Rennes, Anselme de Cantorbéry, Zacharie-Benoît Wicentini, Jean Hauteville, surnommé le Jérémie (il y avait de quoi pleurer!) *du onzième siècle*; Guillaume de la Fouille (il a donné naissance au proverbe *chanter pouille*). Voilà, j'espère, de quoi combler toutes les lacunes; les autres poètes de cette pléiade iront se placer où ils voudront, sur la croupe du taureau, avant Plaute, avant Térence, à savoir le poète Philippe de *Bonne-Espérance*, le pape Jean XVIII, le docteur Clémangis, et le parfait poète des poètes patois, dont chaque vers commençait par un P: *Pugna Porcorum*, etc, auquel poème de pores je préfère, et de beaucoup, le poème du pauvre Ubald, qui a préféré le C au P.

Carmina clarisonæ calvis cantate camænæ !

Voilà pourtant, à entendre les fanatiques, les successeurs d'Horace et les héritiers de Virgile! De ceux-là on peut dire à coup sûr ce que disait saint Jean Chrysostôme dans son *homélie* au peuple d'Antioche : « Les successeurs de Zénon et de Diogène ne sont que des comédiens et ne se font valoir que par leurs barbes et leurs manteaux! » Vous rappelez-vous Ménage se plaignant « d'un mot de mauvais goût qui avait toute l'amertume de la nouveauté? » Nous voilà bien loin de ces difficiles, de ces grammairiens, de ces jurés-peseurs de diphtongues qui disaient de certains mots : « On peut s'en servir une ou deux fois chaque mois tout au plus. » Prenez garde cependant non pas seulement à cette réforme antilittéraire qui nous ramène à ce moyen-âge votre idole, mais prenez garde au démenti que vous allez donner à l'antiquité chrétienne, aussi bien qu'à l'antiquité religieuse. Ces pères de l'église dont nous parlions tout à l'heure, et que nous avons pris pour nos guides dans cette dissertation ardue, ils auraient eu honte de jeter même un coup d'œil sur les confins de cette antiquité qu'ils regrettaient en l'abandonnant, et certes ce n'était pas pour lire les *Bucoliques* d'Arator, d'Eudoxie ou de Proba Fallonia, qu'ils renonçaient aux *Géorgiques*. « Il y a deux sortes d'autorités, disent-ils, l'une divine, qui ne nous propose jamais rien que de vrai, l'autre humaine, qui est sujette à l'erreur. » Et cependant ils s'inclinent devant la raison humaine, ils l'acceptent avec terreur, mais enfin ils l'acceptent : « La raison est une action de l'esprit qui unit les choses suivant le rapport qu'elles ont ensemble, et qui les sépare suivant leur disconvenance. *C'est elle qui a inventé les sciences et les beaux arts.* » Ainsi respectez la raison humaine qui a inventé ces grandes choses. — « Respectez la raison, » dit saint Augustin, — et « respectez la poésie, ajoute Bossuet, car la poésie est destinée à perpétuer la mémoire des actions les plus éclatantes des siècles passés. » S'il en est ainsi, irez-vous dire aux siècles passés qui racontent les grands poèmes : Loin d'ici la guerre de Troie, où l'on voit la belle Hélène et le beau Pâris ; loin d'ici *l'Enéide*, où l'on voit Énée et Didon se dirigeant vers la grotte des nymphes ; loin de nous ce qui reste de Troie et de Carthage, de Tivoli et de Tusculuni ? C'est comme si vous disiez : Loin de nous les grandes nations et les grands peuples ! car les grandes nations et les grands peuples se manifestent dans leurs poèmes, dans leurs tragédies, dans leurs philosophies, dans leurs religions, dans leurs histoires, monuments plus durables que l'airain, contre lesquels ne peuvent rien les siècles rongeurs. « Prenez garde à votre zèle, disait saint Jérôme, il n'est pas toujours une preuve. » — « Voulez-vous déchirer justement de mauvaises choses ? disait saint Jean Chrysostôme : eh bien ! commencez par vous déchirer vous et vos œuvres ; c'est là un genre de détractation légitime et louable qui déposera en faveur de votre équité. »

Maintenant, pour en finir, appelons à notre aide une défense illustre entre tous les panégyriques que les pères de l'église aient jamais faits de l'étude et de l'exercice des belles lettres de l'antiquité, et terminons par cet exemple une dissertation qui pourrait s'étendre à l'infini. — Lorsque l'empereur Julien, — Julien *l'apostat*, c'est son nom, — parvint à l'empire, « ceux qui suivaient une religion corrompue (ainsi parle des chrétiens le rhéteur Libanius) s'attendaient à d'étranges supplices, et cent fois plus cruels que les tourments imposés aux chrétiens par les précédents empereurs. » Les chrétiens persécutés ne savaient pas encore à quelle étrange persécution ils allaient être exposés par ce renégat et ce sceptique ; Julien savait, lui, l'impuissance des bourreaux, et que le supplice était inutile, s'il est vrai que le supplice soit une preuve d'estime. Il résolut de procéder par l'ironie et le mépris. « Il ne faut pas, disait-il, traîner les Galiléens aux autels de nos dieux, ils sont plus insensés que méchants ; il faut les plaindre et non pas les haïr : prenez-les, s'il se peut, par la douceur ; le temps fera le reste. » Au même instant, il ajoute ceci, en guise de *post-scriptum*, à sa harangue : « Une chose a dire et que personne ne saurait nier, c'est qu'il serait inutile et malséant d'expliquer aux fils des chrétiens nos anciens philosophes, nos anciens poètes, les dieux de Rome. A quoi bon leur parler de ces grands personnages que condamne la religion chrétienne : Homère, Hésiode, Hérodote, Démosthènes, Thucydide, Socrate et Lysias, adorateurs fervents de ces mêmes dieux que les chrétiens appellent de faux dieux ? » C'est en ces termes que l'empereur lui-même donne les motifs de ce décret fameux, à la date du 17 juin 362, dans lequel il défend aux chrétiens d'*étudier les lettres humaines* et de *fréquenter les écoles* où il est parlé des poètes païens, l'empereur se réservant de nommer les professeurs à l'avenir. Quoi de plus juste, au premier abord, que ce décret impérial ? « Vous ne reconnaissez pas nos dieux et nos poètes, nous vous interdisons nos poètes et nos dieux ! Nos temples vous sont défendus, nous vous défendons nos écoles ! Nous vous laissons vos apôtres, laissez-nous nos philosophes ! » A quoi saint Grégoire de Nazianze répondait dans le plus noble et le plus fier des langages (*grandiloquentia*, dit Bossuet). en homme qui comprend toute chose et qui ne s'en laisse pas imposer par une fausse modération : « Je ne sais pas dans le monde un acte de tyrannie d'un caractère plus odieux que l'édit de cet *apostat* qui défend aux jeunes gens chrétiens tout commerce avec les lettres, et je reviens à mon exorde, afin de mieux m'expliquer sur cet acte impie, impitoyable, d'un gouvernement que j'appelle : le gouvernement même de l'injustice! Certes, je sais ici à qui je parle, à quelles âmes sérieuses, à quels esprits éclairés, et mon indignation sera partagée aisément par tous les honnêtes gens, restés sensibles aux charmes de l'instruction et de l'étude! Quant à moi, je ne sais pas de plus grands plaisirs et plus dignes d'un libre esprit. Aussi bien je cède, et volontiers, à qui les envie et les veut prendre, les grâces, les honneurs elles biens d'ici-bas ! Volontiers je renonce à la gloire, à la fortune, à la puissance, à tout ce que les hommes estiment le plus sur la terre, — impuissantes et stériles vanités... Au contraire, à mes yeux, la science est d'un prix réel, et je n'aurai pas tant d'ingratitude et d'injustice que de méconnaître, en y renonçant pour obéir à une loi injuste, tant d'utiles et glorieux travaux, entrepris par ces hommes glorieux qui sont restés nos maîtres dans tous les arts. A quoi pensait-il donc cet empereur aussi imprévoyant que haineux, et quelle rage le poussait, lorsqu'il nous fermait par une loi positive les sentiers de la poésie et de la science, et quel démon l'inspirait?... Écoutez-moi, je vais vous le dire : Il obéissait aux inspirations de Sennachérib, l'impie, aux portes de Jérusalem ! »

« Quand vous priez Dieu, disait saint Ambroise, demandez-lui de grandes choses. » — Voilà comment saint Grégoire de Nazianze obéit à cette loi des grandes inventions : — *magna ora!* — voilà comment il réduit en poudre ces longues et pénibles disputes qui n'ont pas d'autre cause que l'ignorance : *causa laboris ignorantia.* Et maintenant il nous semble que la cause des anciens, une fois pour toutes, est entendue. Quelle plus admirable conclusion pourriez-vous trouver, et plus convaincante en un pareil sujet, que la colère et l'indignation de cet homme divin, qui sort de sa gloire pour tout foudroyer, — *quasi Deus fulminans tonat e machinâ*!

ISBN : 978-3-96787-916-2

www.ingramcontent.com/pod-product-compliance
Lightning Source LLC
La Vergne TN
LVHW090040080526
838202LV00046B/3902